Treasured Recipes

by ....

Contents

Recipe   Page

Recipe	Page

The only thing I like better
than talking about food is eating.

John Walters

Recipe 1

....
Date:
....

🍴 ....
Serves

🕐 .... / ....
Prep time / Cook time

✰✦★ ....
Secret ingredient

♔
———————— ♔ ————————

Ingredients

....
....
....
....
....
....

Nutrition: Kcals   Fat   Carbs   Protein
....

Notes

....

Directions

....

....

....

....

....

....

....

....

....

....

....

....

....

....

....

....

Recipe 2

....
Date:
....

🍴 ....
Serves

🕐 ____ / _____
Prep time / Cook time

✦★ ....
Secret ingredient

———————— ♔ ————————

Ingredients

....
....
....
....
....
....

Nutrition: *Kcals*   *Fat*   *Carbs*   *Protein*
....

Notes

....
....

3

Directions

....

....

....

....

....

....

....

....

....

....

....

....

....

....

....

....

....

Recipe 3

Date:

🍴 .... Serves

🕐 .... / ....
Prep time / Cook time

✦ Secret ingredient

Ingredients

....
....
....
....
....
....

Nutrition: *Kcals*   *Fat*   *Carbs*   *Protein*

Notes

....
....

Directions

....

....

....

....

....

....

....

....

....

....

....

....

....

....

....

....

....

....

Recipe 4

Date:

🍴 ....
Serves

🕐 ...... / ....
Prep time / Cook time

✩✦★ ....
Secret ingredient

———————— 👑 ————————

Ingredients

....
....
....
....
....
....

Nutrition: *Kcals* *Fat* *Carbs* *Protein*
....

Notes

....
....

7

Directions

....
....
....
....
....
....
....
....
....
....
....
....
....
....
....
....
....

Recipe 5

Date: ....

.... 🍴

Serves

🕐 / ....

Prep time / Cook time

✦★ ....

Secret ingredient

———————— ♛ ————————

Ingredients

....
....
....
....
....
....

Nutrition: Kcals   Fat   Carbs   Protein
....

Notes

....
....

Directions

....

....

....

....

....

....

....

....

....

....

....

....

....

....

....

....

....

....

Recipe 6

Date:

Serves

Prep time / Cook time

Secret ingredient

Ingredients

....

....

....

....

....

....

Nutrition: *Kcals*   *Fat*   *Carbs*   *Protein*

Notes

....

Directions

....

....

....

....

....

....

....

....

....

....

....

....

....

....

....

....

....

Recipe 7

Date: ....

🍴 ....

Serves

🕐 .... / ....

Prep time / Cook time

✦★

Secret ingredient

——————————— ♔ ———————————

Ingredients

....
....
....
....
....
....

Nutrition: *Kcals*   *Fat*   *Carbs*   *Protein*
....

Notes

....

Directions

....

....

....

....

....

....

....

....

....

....

....

....

....

....

....

....

....

....

Recipe 8

Date: ....

....

🍴 ....   🕐   /   ....   ✦★ ....

Serves   Prep time / Cook time   Secret ingredient

♔

Ingredients

....

....

....

....

....

....

Nutrition: *Kcals*   *Fat*   *Carbs*   *Protein*

....

Notes

....

Directions

....

....

....

....

....

....

....

....

....

....

....

....

....

....

....

....

....

Recipe 9

Date:

Serves

Prep time / Cook time

Secret ingredient

Ingredients

....
....
....
....
....
....

Nutrition: *Kcals*   *Fat*   *Carbs*   *Protein*

Notes

Directions

Recipe 10

....

Date:
....

🍴 ....
Serves

🕐 .... / ....
Prep time / Cook time

✦★ ....
Secret ingredient

———————————— ♔ ————————————

Ingredients

.... | ....
.... | ....
.... | ....
.... | ....
.... | ....
.... | ....

Nutrition: *Kcals*   *Fat*   *Carbs*   *Protein*
....

Notes

....

....

19

Directions

....
....
....
....
....
....
....
....
....
....
....
....
....
....
....
....
....
....

Recipe 11

Date: ....

♟♦ ....
Serves

🕐 .... / ....
Prep time / Cook time

✩✦ ....
Secret ingredient

♔

Ingredients

....
....
....
....
....
....

Nutrition: *Kcals* *Fat* *Carbs* *Protein*
....

Notes

....

Directions

....
....
....
....
....
....
....
....
....
....
....
....
....
....
....
....
....

Recipe 12

Date: ....

🍴 ....
Serves

🕐 .... / ....
Prep time / Cook time

✶★ ....
Secret ingredient

—————————— ♔ ——————————

Ingredients

....
....
....
....
....
....

Nutrition: *Kcals*   *Fat*   *Carbs*   *Protein*
....

Notes

....

Directions

....
....
....
....
....
....
....
....
....
....
....
....
....
....
....
....
....
....

Recipe 13

Date: ....

🍴 ....
Serves

🕐 .... / ....
Prep time / Cook time

⭐ ....
Secret ingredient

───────────────── 👑 ─────────────────

Ingredients

....
....
....
....
....
....

Nutrition: *Kcals*   *Fat*   *Carbs*   *Protein*
....

Notes

....
....

Directions

Recipe 14

Date: ....

....

🍴 .... 🕐 .... / .... ☆★ ....

Serves   Prep time / Cook time   Secret ingredient

👑
———————————— ————————————

Ingredients

....

....

....

....

....

....

Nutrition: *Kcals*   *Fat*   *Carbs*   *Protein*
....

Notes

....

....

Directions

....

....

....

....

....

....

....

....

....

....

....

....

....

....

....

....

....

Recipe 15

Date: ....

🍴 ....
Serves

🕐 .... / ....
Prep time / Cook time

✦★ ....
Secret ingredient

——————— ♛ ———————

Ingredients

....
....
....
....
....
....

Nutrition: *Kcals*   *Fat*   *Carbs*   *Protein*
....

Notes

....

Directions

....

....

....

....

....

....

....

....

....

....

....

....

....

....

....

....

....

Recipe 16

Date: ....

🍴 .... Serves

🕐 .... / .... Prep time / Cook time

✦★ .... Secret ingredient

─────────── 👑 ───────────

Ingredients

....

....

....

....

....

....

Nutrition: *Kcals*   *Fat*   *Carbs*   *Protein*
....

Notes

....

Directions

Recipe 17

Date: ....

🍴 .... Serves

🕐 .... / ....
Prep time / Cook time

☆✦★ ....
Secret ingredient

———————— ♔ ————————

Ingredients

....
....
....
....
....
....

Nutrition: *Kcals*   *Fat*   *Carbs*   *Protein*
....

Notes

....

Directions

....

....

....

....

....

....

....

....

....

....

....

....

....

....

....

....

....

Recipe 18

....
Date:
....

🍴 ....
Serves

🕐 / ....
Prep time / Cook time

✩✦★ ....
Secret ingredient

———————— ♔ ————————

Ingredients

....
....
....
....
....
....

Nutrition: *Kcals*   *Fat*   *Carbs*   *Protein*
....

Notes

....

Directions

....
....
....
....
....
....
....
....
....
....
....
....
....
....
....
....
....

Recipe 19

Date:

Serves

Prep time / Cook time

Secret ingredient

Ingredients

Nutrition: Kcals   Fat   Carbs   Protein

Notes

Directions

....

....

....

....

....

....

....

....

....

....

....

....

....

....

....

....

....

Recipe 20

Date:

🍴 ....
Serves

🕐 ..../.........
Prep time / Cook time

✶★ ....
Secret ingredient

♛

Ingredients

....
....
....
....
....
....

Nutrition: *Kcals*   *Fat*   *Carbs*   *Protein*
....

Notes

....

Directions

....

....

....

....

....

....

....

....

....

....

....

....

....

....

....

....

....

....

Recipe 21

Date: ....

🍴 .... Serves

🕐 .... / .... Prep time / Cook time

✦★ .... Secret ingredient

---👑---

Ingredients

....
....
....
....
....
....

Nutrition: *Kcals*   *Fat*   *Carbs*   *Protein*
....

Notes

....

Directions

....

....

....

....

....

....

....

....

....

....

....

....

....

....

....

....

....

Recipe 22

Date: ....

�11 .... Serves

🕐 .... / ....
Prep time / Cook time

✦★ ....
Secret ingredient

👑

Ingredients

....
....
....
....
....
....

Nutrition: Kcals   Fat   Carbs   Protein
....

Notes

....
....

43

Directions

....

....

....

....

....

....

....

....

....

....

....

....

....

....

....

....

....

....

Recipe 23

....
Date:
....

🍴 ....
Serves

🕐 .... / ....
Prep time / Cook time

✩✦★ ....
Secret ingredient

──────────── ♔ ────────────

Ingredients

....
....
....
....
....
....

Nutrition: Kcals   Fat   Carbs   Protein
....

Notes

....

....

Directions

Recipe 24

Date:

☘ Serves

🕐 / Prep time / Cook time

✦★ Secret ingredient

Ingredients

....
....
....
....
....
....

Nutrition: *Kcals*   *Fat*   *Carbs*   *Protein*

Notes

Directions

....

....

....

....

....

....

....

....

....

....

....

....

....

....

....

....

....

Recipe 25

Date:

🍴 ....
Serves

🕐 .... / ....
Prep time / Cook time

✦ ....
Secret ingredient

———————— ♛ ————————

Ingredients

....
....
....
....
....
....

Nutrition: Kcals   Fat   Carbs   Protein
....

Notes

....
....

Directions

....

....

....

....

....

....

....

....

....

....

....

....

....

....

....

....

....

Recipe 26

Date: ....

🍴 ....
Serves

🕐 .... / ....
Prep time / Cook time

✦★ ....
Secret ingredient

———————— ♔ ————————

Ingredients

....
....
....
....
....
....

Nutrition: *Kcals*   *Fat*   *Carbs*   *Protein*
....

Notes

....

Directions

....

....

....

....

....

....

....

....

....

....

....

....

....

....

....

....

....

Recipe 27

Date:

Serves ....

Prep time / Cook time

Secret ingredient

Ingredients

....
....
....
....
....
....

Nutrition: Kcals   Fat   Carbs   Protein

Notes

....
....

Directions

....
....
....
....
....
....
....
....
....
....
....
....
....
....
....
....
....

Recipe 28

Date: ....

🍴 ....
Serves

🕐 .... / ....
Prep time / Cook time

✦★ ....
Secret ingredient

— 👑 —

Ingredients

....
....
....
....
....
....

Nutrition: Kcals   Fat   Carbs   Protein
....

Notes

....

Directions

....

....

....

....

....

....

....

....

....

....

....

....

....

....

....

....

Recipe 29

Date: ....

🍴 ....
Serves

🕐 .... / ....
Prep time / Cook time

✶★
Secret ingredient

─────────── ♛ ───────────

Ingredients

....
....
....
....
....
....

Nutrition: *Kcals*   *Fat*   *Carbs*   *Protein*
....

Notes

....

....

57

Directions

....

....

....

....

....

....

....

....

....

....

....

....

....

....

....

....

....

....

Recipe 30

Date: ....

🍴 ....
Serves

🕐 .... / ....
Prep time / Cook time

✩✦★ ....
Secret ingredient

♔

Ingredients

....
....
....
....
....
....

Nutrition: *Kcals*   *Fat*   *Carbs*   *Protein*
....

Notes

....

Directions

....

....

....

....

....

....

....

....

....

....

....

....

....

....

....

....

....

Recipe 31

Date: ....

🍴 ....
Serves

🕐 .... / ....
Prep time / Cook time

✨⭐ ....
Secret ingredient

Ingredients

....
....
....
....
....
....

Nutrition: ...... Kcals ...... Fat ...... Carbs ...... Protein ......

Notes

....

Directions

....

....

....

....

....

....

....

....

....

....

....

....

....

....

....

....

Recipe 32

Date: ....

🍴 ....
Serves

🕐 .... / ....
Prep time / Cook time

✫★ ....
Secret ingredient

♔

Ingredients

....
....
....
....
....
....

Nutrition: Kcals   Fat   Carbs   Protein
....

Notes

....

....

Directions

....
....
....
....
....
....
....
....
....
....
....
....
....
....
....
....
....

Recipe 33

Date: ....

🍴 .... 🕐 _____ / _____ ✦★ ....
Serves   Prep time / Cook time   Secret ingredient

_____ ♔ _____

Ingredients

....

....

....

....

....

....

Nutrition: Kcals   Fat   Carbs   Protein
....

Notes

....

....

Directions

Recipe 34

Date:

Serves

Prep time / Cook time

Secret ingredient

Ingredients

....
....
....
....
....
....

Nutrition: *Kcals*   *Fat*   *Carbs*   *Protein*

Notes

Directions

....

....

....

....

....

....

....

....

....

....

....

....

....

....

....

....

....

Recipe 35

....
Date:
....

🍴 ....   🕐 .... / ....   ☆★ ....
Serves   Prep time / Cook time   Secret ingredient

——————————— 👑 ———————————

Ingredients

....
....
....
....
....
....

Nutrition: Kcals   Fat   Carbs   Protein
....

Notes

....
....

Directions

Recipe 36

Date:

Serves

Prep time / Cook time

Secret ingredient

Ingredients

....

....

....

....

....

....

Nutrition: *Kcals*   *Fat*   *Carbs*   *Protein*

Notes

Directions

....

....

....

....

....

....

....

....

....

....

....

....

....

....

....

....

....

Recipe 37

Date:

🍴 ....
Serves

🕐 .... / ....
Prep time / Cook time

⭐ ....
Secret ingredient

—————————— 👑 ——————————

Ingredients

....

....

....

....

....

....

Nutrition: Kcals   Fat   Carbs   Protein
....

Notes

....

73
....

Directions

....
....
....
....
....
....
....
....
....
....
....
....
....
....
....
....
....

Recipe 38

Date: ....

🍴 ....
Serves

🕐 .... / ....
Prep time / Cook time

✦★ ....
Secret ingredient

♔

Ingredients

.... | ....
.... | ....
.... | ....
.... | ....
.... | ....
.... | ....

Nutrition: Kcals   Fat   Carbs   Protein
....

Notes

....

....

Directions

....

....

....

....

....

....

....

....

....

....

....

....

....

....

....

....

....

Recipe 39

Date:

Serves

Prep time / Cook time

Secret ingredient

Ingredients

....
....
....
....
....
....

Nutrition: *Kcals*   *Fat*   *Carbs*   *Protein*

Notes

Directions

Recipe 40

....
Date:
....

🍴 ....
Serves

🕐 .... / ....
Prep time / Cook time

✩✦★ ....
Secret ingredient

———————————— ♔ ————————————

Ingredients

....
....
....
....
....
....

Nutrition: *Kcals*   *Fat*   *Carbs*   *Protein*
....

Notes

....
....

Directions

....
....
....
....
....
....
....
....
....
....
....
....
....
....
....
....
....
....

Recipe 41

Date: ....

🍴 ....
Serves

🕐 .... / ....
Prep time / Cook time

✩✵★ ....
Secret ingredient

———————— ♔ ————————

Ingredients

....
....
....
....
....
....

Nutrition: *Kcals*   *Fat*   *Carbs*   *Protein*
....

Notes

....
....

Directions

....

....

....

....

....

....

....

....

....

....

....

....

....

....

....

....

....

....

Recipe 42

Date: ....

.... **Serves**

🕐 .... / ....
Prep time / Cook time

☆✦★ ....
Secret ingredient

Ingredients

....
....
....
....
....
....

Nutrition: *Kcals*   *Fat*   *Carbs*   *Protein*
....

Notes

....

Directions

....
....
....
....
....
....
....
....
....
....
....
....
....
....
....
....
....
....

Recipe 43

Date: ....

🍴 ....
Serves

🕐 .... / ....
Prep time / Cook time

✦★ ....
Secret ingredient

Ingredients

....
....
....
....
....
....

Nutrition: Kcals   Fat   Carbs   Protein
....

Notes

....

Directions

Recipe 44

Date:

🍴 _____
Serves

🕐 _____ / _____
Prep time / Cook time

✨⭐ _____
Secret ingredient

Ingredients

....
....
....
....
....
....

Nutrition: Kcals   Fat   Carbs   Protein
....

Notes

....
....

Directions

....
....
....
....
....
....
....
....
....
....
....
....
....
....
....
....
....
....

Recipe 45

Date:

Serves

Prep time / Cook time

Secret ingredient

Ingredients

....
....
....
....
....
....

Nutrition: Kcals   Fat   Carbs   Protein

Notes

Directions

....
....
....
....
....
....
....
....
....
....
....
....
....
....
....
....
....
....

Recipe 46

Date: ....

🍴 .... 🕐 .... / .... ☆✦★ ....
Serves   Prep time / Cook time   Secret ingredient

——————— ♔ ———————

Ingredients

....
....
....
....
....
....

Nutrition: *Kcals*   *Fat*   *Carbs*   *Protein*
....

Notes

....

Directions

....

....

....

....

....

....

....

....

....

....

....

....

....

....

....

....

....

Recipe 47

Date: ....

🍴 ....
Serves

🕐 .... / ....
Prep time / Cook time

✰✦★ ....
Secret ingredient

👑

Ingredients

....
....
....
....
....
....

Nutrition: Kcals   Fat   Carbs   Protein
....

Notes

....
....

Directions

....

....

....

....

....

....

....

....

....

....

....

....

....

....

....

....

....

....

Recipe 48

Date:

Serves

Prep time / Cook time

Secret ingredient

Ingredients

....
....
....
....
....
....

Nutrition: *Kcals*   *Fat*   *Carbs*   *Protein*

Notes

....

Directions

....
....
....
....
....
....
....
....
....
....
....
....
....
....
....
....
....
....

Recipe 49

Serves

Prep time / Cook time

Secret ingredient

Ingredients

....
....
....
....
....
....

Nutrition: *Kcals*   *Fat*   *Carbs*   *Protein*

Notes

Directions

....
....
....
....
....
....
....
....
....
....
....
....
....
....
....
....
....
....

Recipe 50

Date:
....

....

🍴 .... 🕐 _____ / _____ ☆★
Serves   Prep time / Cook time   Secret ingredient

———————————— ♔ ————————————

Ingredients

....
....
....
....
....
....

Nutrition: *Kcals*   *Fat*   *Carbs*   *Protein*
....

Notes

....

....

Directions

....
....
....
....
....
....
....
....
....
....
....
....
....
....
....
....
....

Notes

CPSIA information can be obtained
at www.ICGtesting.com
Printed in the USA
LVHW100349090720
660096LV00031B/666